NICHTS

DAS GESCHENK, DAS DU DIR GEWÜNSCHT HAST

Bibliografische Information der Deutschen Nationalbibliothek: Die Deutsche Nationalbibliothek verzeichnet diese Publikation in der Deutschen Nationalbibliografie; detaillierte bibliografische Daten sind im Internet über dnb.dnb.de abrufbar.

Nichts. Das Geschenk, das Du Dir gewünscht hast (blue edition).
Copyright © 2020 by Caroline Stern
1. Neuauflage: Oktober 2020.
All rights reserved. Alle Rechte vorbehalten.
Kein Teil des Werkes darf in irgendeiner Form (durch Fotografie, Mikrofilm oder ein anderes Verfahren) ohne schriftliche Genehmigung des Verlages reproduziert oder unter Verwendung elektronischer Systeme verarbeitet, vervielfältigt oder verbreitet werden.
Lektorat, Korrektorat: Sophie Werner, Berlin.
Covergestaltung: Caroline Stern, Berlin.
Herstellung und Verlag: BoD – Books on Demand, Norderstedt.
www.bod.de
ISBN: 978-3-751-95268-2.

www.ingramcontent.com/pod-product-compliance
Lightning Source LLC
Chambersburg PA
CBHW070132071025
33680CB00046B/1721